IDENTIDADE E MISSÃO DO RELIGIOSO IRMÃO NA IGREJA

"E TODOS VOCÊS SÃO IRMÃOS"
(Mt 23,8)

CONGREGAÇÃO PARA OS INSTITUTOS
DE VIDA CONSAGRADA
E AS SOCIEDADES DE VIDA APOSTÓLICA

IDENTIDADE E MISSÃO DO RELIGIOSO IRMÃO NA IGREJA

"E TODOS VOCÊS SÃO IRMÃOS"
(Mt 23,8)

© 2015 – Libreria Editrice Vaticana

Título original: *Identità e missione del fratello religioso nella chiesa.*

Direção-geral: *Bernadete Boff*
Editora responsável: *Maria Goretti de Oliveira*

1ª edição – 2016

Nenhuma parte desta obra poderá ser reproduzida ou transmitida por qualquer forma e/ou quaisquer meios (eletrônico ou mecânico, incluindo fotocópia e gravação) ou arquivada em qualquer sistema ou banco de dados sem permissão escrita da Editora. Direitos reservados.

Paulinas
Rua Dona Inácia Uchoa, 62
04110-020 – São Paulo – SP (Brasil)
Tel.: (11) 2125-3500
http://www.paulinas.org.br – editora@paulinas.com.br
Telemarketing e SAC: 0800-7010081
© Pia Sociedade Filhas de São Paulo – São Paulo, 2016

INTRODUÇÃO

Irmão

1. A partir dos primeiros séculos do Cristianismo, a vida consagrada foi prevalentemente laica, expressão do desejo ardente de homens e mulheres de viver o Evangelho com a radicalidade que ele propõe a todos os seguidores de Jesus. Até hoje, os membros da vida consagrada laica – homens e mulheres – são a grande maioria.

Irmão é o nome tradicionalmente dado para o religioso leigo[1] na Igreja desde o início da vida consagrada. Não pertence exclusivamente a ele, certamente, mas o representa de uma maneira significativa na comunidade eclesial na qual é memória profética de Jesus-Irmão, que disse aos seus seguidores: "E todos vocês são irmãos" (Mt 23,8).[2]

Essa palavra de Jesus foi-nos transmitida por Mateus num contexto no qual Jesus pronuncia-se contra a hipocrisia de quem usava a religião para obter privilégios

---

[1] Ao longo do documento usaremos preferencialmente o termo proposto na Exortação Apostólica *Vita consecrata*, 60: "o religioso irmão" ou, simplesmente, "o irmão". Quando for possível, utilizaremos o termo correspondente no plural, pois o irmão só é irmão em meio aos irmãos, no contexto da fraternidade, nunca solitário. Ser irmão implica sempre uma relação, e é esta relação que queremos sublinhar.

[2] Cf. JOÃO PAULO II. Exortação Apostólica pós-sinodal *Vita consecrata* (25 de março de 1996), 60.

e glória diante dos homens. Mas o valor do "loghion" vai muito além do contexto imediato. O nome de irmão/irmã ressalta a dignidade comum e a igualdade fundamental de todos os que creem, filhos no Filho do mesmo Pai celestial (cf. Mt 5,45), chamados a formar uma fraternidade universal em Cristo, o primogênito de muitos irmãos (cf. Rm 8,29).

Embora este documento fale diretamente da vida e da missão do religioso irmão, estamos plenamente conscientes que muitas das questões aqui tratadas, tais como a participação no mistério da comunhão e da fraternidade eclesial ou o papel profético de testemunho e serviço, são aplicáveis tanto para a vida e a missão dos religiosos irmãos como para a vida e a missão das mulheres consagradas.

O religioso irmão e as religiosas, com a sua participação no mistério salvador de Cristo e da Igreja, são memória permanente para todo o povo cristão da importância do dom total de si mesmo a Deus e de que a missão da Igreja, respeitando as diferentes vocações e ministérios no seu interior, é única e compartilhada por todos. Apesar disso, constatamos que, nem sempre, a vocação do religioso irmão e, consequentemente, das religiosas é bem compreendida e valorizada dentro da Igreja.

A reflexão que aqui oferecemos nasceu para ajudar a apreciar a riqueza das diversas vocações, especialmente no seio da vida consagrada masculina e com a finalidade de trazer luz sobre a identidade do religioso irmão e sobre o valor e a necessidade desta vocação.

Os destinatários

2. Os irmãos ou religiosos leigos, hoje, são a quinta parte do total de homens religiosos na Igreja. Alguns pertencem a Institutos clericais; outros a Institutos mistos. Outros estão integrados em Institutos leigos, também chamados de Institutos Religiosos de Irmãos,[3] cujos membros são todos, ou a maioria, religiosos leigos. A todos eles se dirige esta reflexão, com o desejo de que sirva para consolidá-los em sua vocação.

Dadas as semelhanças entre a vocação religiosa feminina e a do religioso irmão, o que é dito aqui será facilmente aplicável para as religiosas.

Este documento é dirigido também aos leigos, aos sacerdotes religiosos, aos sacerdotes diocesanos, aos bispos e a todos aqueles que desejam conhecer, apreciar e promover a vocação do religioso irmão na Igreja.

Um marco referencial para a nossa reflexão

3. A Exortação Apostólica *Vita consecrata,* de São João Paulo II, serve como um marco de referência para nossa reflexão sobre o religioso irmão e a ela nos remetemos para todas as características gerais da vida consagrada, que compõem a sua identidade. Limitamo-nos a propor aqui o que é mais específico ou peculiar desta vocação, apesar

---

[3] Esta última é a denominação proposta pelo Sínodo sobre a Vida Consagrada (outubro de 1994) e encontrada na Exortação Apostólica *Vita consecrata*, 60.

de serem inevitáveis as referências à vida consagrada em geral e, portanto, aos documentos que, desde o Concílio Vaticano II, a têm apresentado no contexto da eclesiologia da comunhão.[4]

Muitas características identificadas anteriormente como próprias, com uma certa exclusividade da vida consagrada, são hoje consideradas como pertencentes ao tesouro comum da Igreja e propostas a todos os fiéis. Os religiosos hoje têm o desafio de reconhecer que, embora sendo comum a todos, eles as vivem de um modo particular, tornando-se, assim, um sinal para todos.

Estrutura do documento

4. Apresentamos, primeiramente, os religiosos irmãos dentro da Igreja-Comunhão, como parte do único povo dos convocados, no qual eles são chamados a irradiar a riqueza da sua vocação própria.

Em continuação, e seguindo as três dimensões com as quais a Igreja-Comunhão se apresenta a si mesma,[5] desenvolveremos a identidade do irmão como mistério de comunhão para a missão. No centro desta tríplice perspectiva está o coração da identidade do religioso irmão, ou

---

[4] JOÃO PAULO II. Exortação Apostólica pós-sinodal *Christifideles laici* (30 de dezembro de 1988), 19: "Esta é a ideia central que, no Concílio Vaticano II, a Igreja voltou a propor de si mesma [...] A eclesiologia da comunhão é a ideia central e fundamental dos documentos do Concílio".

[5] Cf. *Christifideles laici*, 8; 19; 32.

seja: a *fraternidade*, como dom que recebe (*mistério*), dom que compartilha (*comunhão*) e dom que entrega (*missão*).

Finalmente, proporemos algumas pistas para que, em cada parte do nosso mundo, cada comunidade e cada religioso irmão possa dar uma resposta a esta pergunta: Como ser irmãos hoje?

1.

OS RELIGIOSOS IRMÃOS NA IGREJA-COMUNHÃO

"EU TE ESCOLHI COMO ALIANÇA DO POVO" (Is 42,6)

Um rosto para a aliança

5. A renovação realizada pelo Concílio Vaticano II, sob o impulso do Espírito de Pentecostes, iluminou, na Igreja, o núcleo central do seu próprio ser, revelado como um mistério de *comunhão*.[6] Esse mistério é o plano divino da *salvação da humanidade*,[7] que se desdobra numa história de aliança.

A fonte deste mistério não está, portanto, na Igreja em si, mas na Trindade, na comunhão do Filho com o Pai, no dom do Espírito Santo. Essa comunhão é o *modelo, fonte e meta* da comunhão dos cristãos com Cristo; e dela nasce a comunhão dos cristãos entre si.[8]

---

[6] *Christifideles laici*, 8; *Vita consecrata*, 41.

[7] *Christifideles laici*, 19.

[8] Cf. *Christifideles laici*, 18; 19.

A vida consagrada, que "*está no coração da Igreja como um elemento decisivo para a sua missão*",[9] deve olhar para este coração a fim de encontrar-se e compreender-se a si mesma. O religioso irmão encontra ali o significado profundo de sua própria vocação. Esta contemplação é iluminada pela figura do Servo de Javé, descrito por Isaías, a quem Deus disse: "Eu te escolhi e coloquei como aliança do povo" (Is 42,6). Essa figura adquire seu rosto perfeito em Jesus de Nazaré, que sela com seu sangue a nova aliança e chama aqueles que creem nele para continuar a mediação confiada ao servo, de *ser a aliança do povo*.

A identidade mediadora do Servo de Javé tem um significado pessoal, mas também comunitário, pois se refere ao *resto de Israel*, o povo messiânico, do qual o Concílio disse: "Constituído por Cristo em ordem à comunhão de vida, de caridade e de verdade, é também por ele usado como instrumento de redenção universal e é enviado a todo o mundo como a luz do mundo e sal da terra (cf. Mt 5,13-16)".[10]

O religioso irmão, sentindo-se parte do povo e de sua missão, vive o chamado a ser memória da aliança, pela sua consagração a Deus numa *vida fraterna, em comunidade, para a missão*.[11] Assim, torna mais visível a comunhão que todo o povo de Deus é chamado a encarnar.

_____

[9] *Vita consecrata*, 3.
[10] CONC. ECUM. VATICANO II. Const. Dogm. *Lumen gentium*, sobre a Igreja, 9.
[11] *Vita consecrata*, 72.

Em comunhão com o povo de Deus

6. Animada pelo Espírito, a Igreja reforça a sua consciência de ser povo de Deus, onde todos têm dignidade igual recebida no Batismo,[12] onde todos têm uma vocação comum à santidade[13] e são corresponsáveis pela missão evangelizadora.[14] Cada um, segundo sua vocação, carisma e ministério, torna-se um sinal para todos os demais.[15]

Neste povo de consagrados nasce e se insere a vida consagrada e, dentro dela, a vida religiosa laica com uma nova e *especial consagração* que desenvolve e aprofunda a consagração batismal;[16] participa "de uma forma especial na função profética de Cristo, comunicada pelo Espírito Santo para todo o povo de Deus";[17] vive o seu carisma específico em relação e junto com os outros carismas eclesiais; integra-se na missão da Igreja e a compartilha com os demais cristãos.

Os religiosos irmãos encontram o seu *habitat* natural neste contexto de comunhão, por sua pertença ao povo de Deus e também unidos a todos aqueles que, desde a consagração religiosa, refletem a essência da Igreja, *mistério*

---

[12] Cf. *Christifideles laici*, 55; *Vita consecrata*, 31.

[13] Cf. *Christifideles laici*, 16.

[14] Cf. PAULO VI. Exortação Apostólica *Evangelii Nuntiandi* (8 de dezembro de 1975), 59.

[15] Cf. *Christifideles laici*, 55.

[16] Cf. *Vita consecrata*, 30.

[17] Ibid., 84.

de comunhão. Nela, eles mantêm viva *a exigência da fraternidade como confissão da Trindade.*[18]

Os laços de comunhão do religioso irmão se estendem além dos limites da Igreja, porque eles são impulsionados pelo mesmo "caráter de universalidade que distingue o povo de Deus".[19] A vocação do irmão é parte da resposta que Deus dá ao vazio de fraternidade, que hoje fere o mundo. Na raiz vocacional do irmão há uma experiência profunda de solidariedade que, em essência, coincide com a de Moisés ante a sarça ardente: descobre-se a si mesmo com os olhos, os ouvidos e o coração de Deus, do Deus que *vê a opressão do seu povo, ouve seu clamor, sente suas angústias e desce para libertá-lo.* Nesta experiência íntima, o irmão escuta o chamado: "Vai, eu te envio ao Faraó para que faças sair do Egito meu povo..." (cf. Ex 3,7-10). Portanto, a dimensão da comunhão está intimamente ligada ao irmão através de uma grande sensibilidade por tudo o que afeta os menores entre o povo, os que são oprimidos por várias formas de injustiça, os que são abandonados, os que estão à margem da história e do progresso, os que, em última análise, têm menos possibilidades de experimentar a boa-notícia do amor de Deus em suas vidas.

Uma memória viva para a consciência eclesial

7. O primeiro ministério que os irmãos desenvolvem, na Igreja, enquanto religiosos, é o de "manter viva,

---

[18] Ibid., 41; 46.
[19] *Lumen gentium*, 13.

nos batizados, a consciência dos valores fundamentais do Evangelho" e "a exigência de responder, com a santidade de vida, ao amor de Deus derramado nos corações pelo Espírito Santo (cf. Rm 5,5)".[20] Todos os outros serviços e ministérios, que as diversas formas de vida consagrada realizam, adquirem sentido e razão de ser a partir deste primeiro ministério.

Esta função de ser sinal, reconhecida pelo Concílio Vaticano II[21] e repetidamente sublinhada na Exortação Apostólica *Vita consecrata*,[22] é essencial para a vida consagrada e determina sua orientação: não existe "para si", mas em função da comunidade eclesial.

A própria consagração religiosa, que apresenta a vida como um testemunho do *absoluto de Deus*[23] ou, também, como um processo de abertura a Deus e aos homens, à luz do Evangelho, é um apelo a todos os fiéis, um convite para que cada um conceba sua vida como um caminho de radicalidade nas diferentes situações e estados de vida, aberta aos dons e às inspirações do Espírito.[24]

A fraternidade dos religiosos irmãos é um estímulo para toda a Igreja, porque torna presente o valor evangélico das relações fraternas *horizontais* diante da tentação do domínio, da busca do primeiro lugar, do exercício da

---

[20] *Vita consecrata*, 33; cf. 39.

[21] Cf. *Lumen gentium*, 44.

[22] Cf. *Vita consecrata*, 84. Cf. ibid., 15; 21; 25; 26; 27; 42; 51; 80; 92; 105.

[23] *Vita consecrata*, 39.

[24] Cf. ibid., 84-94.

autoridade como poder: "Quanto a vocês, nunca se deixem chamar de mestre, pois um só é o Mestre de vocês, e todos vocês são irmãos. Na terra, não chamem a ninguém de Pai, pois um só é o Pai de vocês, aquele que está no céu. Não deixem que os outros chamem vocês de líderes, pois um só é o Líder de vocês: Cristo" (Mt 23,8-10).

A comunhão apresenta-se, hoje, à Igreja, como um *desafio*, especialmente com a urgência do novo milênio, para que ela se transforme em *casa e escola de comunhão*.[25] Os irmãos são habitantes ativos nesta casa e são, por sua vez, alunos e professores desta escola; por isso fazem sua a urgência que a própria Igreja se coloca a si mesma, *de implantar e promover a espiritualidade de comunhão*.[26]

Redescobrindo o tesouro comum

8. As relações na Igreja-Comunhão são estabelecidas a partir do que une e não do que divide. Hoje estamos recuperando a consciência do patrimônio comum, que é como um grande tesouro que nos faz iguais a todos no que é fundamental, na dignidade e nos direitos e deveres comuns. Nós todos nascemos para a fé e nos inserimos na Igreja como batizados; neste quadro comum, somos chamados a exercer determinadas funções a serviço da comunidade eclesial, para viver, de forma significativa ou profética, determinadas características que pertencem ao

---

[25] JOÃO PAULO II. Carta Apostólica *Novo millennio ineunte* (6 de janeiro de 2001), 43.

[26] Cf. *Vita consecrata*, 46, 51; *Novo millennio ineunte*, 43.

patrimônio comum, e para servir à missão comum, a partir dos carismas e ministérios concretos.

Essa dimensão fundamental nunca nos abandona: *os cristãos leigos* vivem-na de maneira explícita num modo de vida laica; aos chamados para o ministério sacerdotal ou à vida consagrada, é uma referência constante que os lembra para quem e em função de quem exercem o seu ministério e são sinais de consagração.

O religioso irmão, enraizado na base do povo cristão, recebe o testemunho e a ajuda das outras vocações. É chamado a viver plenamente e de modo profético o mistério de Cristo e da Igreja, a partir da vida consagrada, como um serviço a todo o povo de Deus.[27]

Um projeto renovado

9. A vida consagrada, predominantemente laica nas suas origens, propõe-se como objetivo fundamental o cultivo do tesouro coletivo cristão, que está contido e se entrega a todos os fiéis nos sacramentos da iniciação. Certamente, realiza-o de uma maneira especial: *buscando a conformação com Cristo em seu modo de viver virgem, pobre e obediente.*[28]

No decorrer dos séculos, este objetivo, tão essencial à vida consagrada, tem corrido o risco de passar para o segundo lugar na vida religiosa masculina, em favor das

---

[27] Cf. *Vita consecrata*, 33.
[28] Cf. ibid., 16; 31.

funções sacerdotais. Para devolver-lhe o seu próprio espaço, o Espírito suscitou, ao longo da história, fundadores que destacaram o caráter laico de suas fundações. Assim aconteceu na vida monástica, com São Bento, cujos *irmãos monges* foram os evangelizadores da Europa; e na forma de vida proposta por São Francisco, cujos frades menores nasceram como uma Ordem mista, formada por leigos e sacerdotes. Tanto nesse caso como no anterior, a tendência ao sacerdócio foi imposta posteriormente sobre o primeiro projeto fundacional.

Nos séculos XVI e XVII, novos fundadores renovam o projeto de vida religiosa laico, agora desenvolvendo-o em comunidades que, além de dar especial relevância à relação fraterna entre seus membros, identificam-se e configuram-se com a necessidade social a que pretendem responder. Estabelecem-se e até mesmo habitam no interno ou no entorno dessa situação existencial de necessidade, de pobreza ou de debilidade que evangelizam; e então, a partir de dentro, encarnam e tornam visível o amor de Deus salvador. Essas fraternidades consagradas dão origem a Institutos religiosos de Irmãos e Irmãs. São João de Deus e São João Batista de la Salle, como também Santa Ângela Merici e Mary Ward, pelo lado feminino, entre outros, foram instrumentos do Espírito para introduzir, na Igreja, esses novos carismas fundacionais que foram se multiplicando, especialmente durante o século XIX.

Os religiosos irmãos, seja em comunidades monásticas, em mosteiros, nas comunidades de vida apostólica ou nas fraternidades que apenas descrevemos, têm ressaltado a dignidade dos serviços e ministérios relacionados às várias necessidades do ser humano. Eles os vivem a partir da unidade de sua consagração, fazendo deles o lugar central de sua experiência de Deus e realizando-os com qualidade e competência.

Desenvolvendo o tesouro comum

10. O contexto atual da Igreja-Comunhão facilita e reivindica, mais do que nunca, que os religiosos irmãos reafirmem, com renovado empenho, esta função original da vida consagrada, não apenas dentro de suas comunidades, mas em toda a comunidade eclesial. Eles o fazem como fermento na massa, *como guias especializados da vida espiritual*,[29] que acompanham fraternalmente os outros cristãos e os ajudam a descobrir as riquezas da herança cristã, ou simplesmente como irmãos que compartilham suas próprias descobertas com outros irmãos em benefício mútuo. Ressaltamos alguns aspectos do tesouro comum que os religiosos irmãos se comprometem a desenvolver:

- *Vida sacramental.* A consagração religiosa está enraizada no Batismo e nos demais sacramentos da iniciação. A partir deles, o irmão vive o impulso filial para com o Pai, celebra a vida nova recebida do Senhor Ressuscitado, sente-se integrado em Jesus Cristo Sacerdote, Profeta e Rei e se deixa guiar pelo Espírito Santo.

---

[29] Ibid., 55.

– *Pertença ao povo de Deus.* O irmão afirma sua pertença ao povo dos que creem inserindo-se de bom grado na Igreja local e em suas estruturas de comunhão e de apostolado, em conformidade com o próprio carisma. Ele também afirma sua pertença a toda a humanidade, com a qual se solidariza em todas as suas necessidades e especialmente com seus membros mais fragilizados e vulneráveis: "As alegrias e as esperanças, as tristezas e as angústias dos homens e mulheres do nosso tempo, especialmente as dos pobres e daqueles que sofrem [...] Não há nada de verdadeiramente humano que não encontre eco no coração do irmão".[30]

– *Integração pessoal de laicidade e sacralidade.* O irmão une ambas as facetas em sua própria pessoa. Resgata, assim, a unidade entre o profano e o sagrado, unidade que se torna mais evidente a partir da encarnação humana do Filho de Deus.

– *Sinal da presença de Deus nas realidades seculares.* O irmão assume os ministérios eclesiais, comunitariamente, com seus irmãos na Congregação e com outros cristãos que estão envolvidos no mesmo carisma fundacional. A partir dali ele busca e sinaliza Deus nas realidades seculares da cultura, da ciência, da saúde humana, do mundo

---

[30] CONCÍLIO ECUM. VATICANO II. Const. Past. *Gaudium et spes*, sobre a Igreja no mundo atual, 1.

do trabalho, importando-se com os fracos e desfavorecidos. Simultaneamente, busca e sinaliza para o ser humano, homem e mulher, "todo inteiro, corpo e alma, coração e consciência, inteligência e vontade", convencido de que "é a pessoa humana que precisa ser salva. É a sociedade humana que precisa ser renovada".[31]

– *Vida fraterna em comunidade.* O irmão se desenvolve na comunhão fraterna na vida em comum e a projeta como sua *forma de ser* em seus relacionamentos, fora da comunidade. Apoiando-se na experiência central de sua vocação, a de sentir-se como Jesus, filho amado do Pai, vive *o mandamento novo do Senhor* como eixo central de sua vida e como compromisso primeiro de sua consagração religiosa.

– *Um carisma compartilhado.* O irmão toma consciência da riqueza contida no seu próprio carisma fundacional para compartilhá-lo com outros cristãos leigos que poderão vivê-lo a partir de projetos de vida diferentes.[32] Ele aceita ser instrumento do Espírito na transmissão do carisma e assume sua responsabilidade de ser memória viva do fundador. Assim, o carisma conserva sua riqueza evangélica para a edifica-

---

[31] Ibid., 3.
[32] Cf. CONGREGAÇÃO PARA OS INSTITUTOS DE VIDA CONSAGRADA E AS SOCIEDADES DE VIDA APOSTÓLICA. Instrução *Partir de Cristo* (19 de maio de 2002), 31.

ção da Igreja, para o bem dos homens e mulheres e para a satisfação das necessidades do mundo.[33]

Enquanto desenvolve o tesouro comum, o religioso irmão sente-se irmão do povo cristão e escuta no seu interior o apelo do Senhor a seu servo: "Eu te escolhi como aliança do povo" (Is 42,6). Este chamado dá sentido a tudo o que vive e faz, torna-o profeta no meio de seus irmãos e graças a ele vive sua consagração numa comunidade missionária e evangelizadora.

Irmão: uma experiência cristã das origens

11. "Aos cristãos de todas as comunidades do mundo, quero pedir especialmente um testemunho de comunhão fraterna que se torne atraente e radiante. Que todos possam admirar como vocês cuidam uns dos outros, como vocês se apoiam mutuamente e como vocês se relacionam: 'Se vocês tiverem amor uns para com os outros, todos reconhecerão que vocês são meus discípulos' (Jo 13,35)."[34] O apelo do Papa Francisco a todo o povo cristão destaca o lugar especial que a *fraternidade* tem no conjunto do tesouro comum cristão. É a pérola que os religiosos irmãos cultivam com um cuidado especial. Dessa forma, são, para a comunidade eclesial, memória profética de sua origem e estímulo para retornar a ele.

---

[33] Cf. *Christifideles laici*, 24.
[34] PAPA FRANCISCO. Exortação Apostólica *Evangelii gaudium* (24 de novembro de 2013), 99.

Os Atos dos Apóstolos apresentam a Igreja emergente como uma comunidade de discípulos, cuja missão é anunciar a salvação e ser testemunhas de Cristo Ressuscitado, e cuja força encontram na Palavra, na fração do pão, na oração e em ser irmãos uns dos outros. Os discípulos são irmãos; este é o sinal de que eles são discípulos de Jesus. Mas eles são irmãos não tanto por uma escolha pessoal, senão porque eles foram *convocados*. Eles são reunidos antes de serem enviados.

A fraternidade é uma fonte de força para a missão. Mas depende de uma outra força: a do Espírito Santo. Sobre os irmãos reunidos, em oração, vem o Espírito no dia de Pentecostes e os encoraja a dar testemunho (At 2,1ss). Sobre os irmãos reunidos, de novo em oração, apoiando-se mutuamente, após a prisão e a libertação de Pedro e João, vem o Espírito e os plenifica de força para proclamar a Palavra de Deus com ousadia (At 4,23ss). A narrativa dos Atos dos Apóstolos nos mostra como a comunidade dos discípulos vai, progressivamente, se tornando consciente de que *a fraternidade e a missão se requerem mutuamente*, e que ambas são desenvolvidas por impulso ou exigência do Espírito. Este é o dinamismo que se estabelece: o cultivo da fraternidade cria maior consciência da missão e o desenvolvimento da missão produz fraternidade.

Com renovado empenho, o Espírito Santo resgata e renova essa mensagem na Igreja, especialmente a partir do referencial da vida consagrada. Por isso suscita a presença de religiosos irmãos no interior das congregações clericais. Tal presença é importante, não só pela sua contribuição para a satisfação das necessidades materiais ou outras, mas, acima de tudo, porque em tais congregações são a memória permanente da "dimensão fundamental da fraternidade em Cristo",[35] que todos os seus membros devem construir. Pela mesma razão o Espírito também suscita os Institutos religiosos de Irmãos, juntamente com os das Irmãs: todos eles evocam permanentemente, na Igreja, o valor supremo da fraternidade e da entrega gratuita como expressões eminentes da comunhão.

O nome de "irmãos" designa positivamente o que tais religiosos assumem como missão fundamental de sua vida: "Estes religiosos são chamados a ser irmãos de Cristo, profundamente unidos a ele, *primogênito entre muitos irmãos* (Rm 8,29); irmãos entre si pelo amor mútuo e pela cooperação para servir ao bem da Igreja; irmãos de todo homem e mulher pelo testemunho da caridade de Cristo para com todos, especialmente para com os menores, os mais necessitados; irmãos para fazer que reine na Igreja a fraternidade maior".[36]

---

[35] *Vita consecrata*, 60.

[36] *Vita consecrata*, 60, citando o discurso de São João Paulo II na Audiência Geral de 22 de fevereiro de 1995.

2.

A IDENTIDADE
DO RELIGIOSO IRMÃO

UM MISTÉRIO DE COMUNHÃO
PARA A MISSÃO

Memória do amor de Cristo: "O mesmo devem fazer vocês..." (Jo 13,14-15)

12. Para aprofundar a identidade do irmão, nós nos deixaremos iluminar interiormente pela contemplação de um dos ícones mais sugestivos dos quatro Evangelhos: Jesus lavando os pés de seus discípulos.

A narrativa oferecida pelo evangelista João, no jantar de Quinta-feira Santa, começa com esta declaração solene e cativante: "E ele, que tinha amado os seus que estavam no mundo, amou-os até o fim" (Jo 13,1). A última ceia de Jesus com seus discípulos acontece numa atmosfera de *testamento*: Jesus compromete os seus discípulos e, através deles, a Igreja inteira, a continuar a *obra de salvação*, que atinge a sua culminância na morte de Jesus na cruz. Obra que havia desenvolvido durante sua vida, tal como se reflete na resposta aos discípulos de João: "Voltem e contem a João o que vocês viram e ouviram: os cegos recuperam a vista, os paralíticos andam, os leprosos são purificados, os surdos ouvem, os mortos ressuscitam e aos pobres é anunciada a mensagem de salvação" (Lc 7,22).

A Igreja sente-se, portanto, constituída em povo *ministerial* por mandato de Jesus. Os evangelistas representam a instituição do ministério eclesial através de dois ícones. Os três sinóticos escolhem o ícone de Jesus partindo e entregando o seu Corpo e o seu Sangue a seus discípulos, no momento em que lhes ordena: "Façam isso em memória de mim" (Lc 22,19). Por outro lado, o Evangelho de João nos apresenta o ícone de Jesus com a toalha cingida na cintura e lavando os pés dos seus discípulos para depois lhes ordenar: "Vocês devem fazer uns aos outros a mesma coisa que eu fiz com vocês" (Jo 13,14-15).

Na consciência da Igreja, é à luz do ícone do lava-pés que o outro ícone em que Jesus reparte seu Corpo e seu Sangue adquire todo seu sentido. Ou seja, o mandamento do amor fraterno nos dá a chave fundamental para compreender o significado da Eucaristia na Igreja. Assim, ele é refletido na liturgia da Quinta-feira Santa.

Esse testamento que a Igreja recebe de Jesus refere-se a dois aspectos ou dimensões do *ministério da salvação* que se desenvolve, na Igreja, através de vários ministérios particulares. Por um lado, com o sacerdócio ministerial, instituído por um sacramento específico, a Igreja garante sua fidelidade à memória da entrega de Jesus, sua morte e ressurreição e a atualiza pela Eucaristia. Por outro lado, o próprio Espírito Santo reanima, entre os fiéis, a lembrança de Jesus na atitude do servidor e na urgência de seu mandato: "[...] e todos reconhecerão que vocês são meus discípulos" (Jo 13, 35).

Por isso são despertados entre os fiéis numerosos carismas para desenvolver a comunhão pelo serviço fraterno. Dessa forma, a salvação chega aos mais desfavorecidos: para que os cegos vejam, os coxos andem, os prisioneiros sejam libertados; e para educar a juventude, cuidar dos doentes, atender os idosos... o amor fraterno concretiza-se, assim, em muitos serviços, muitos dos quais se institucionalizam ou são reconhecidos como ministérios eclesiais.[37]

A vida consagrada surge, na Igreja, em resposta a esse apelo do Espírito para manter fielmente a memória do amor de Cristo, *que amou os seus até o extremo*.[38] São muitas as formas que essa resposta adota, mas na base está sempre a opção "do dom de si mesmo por amor ao Senhor Jesus e, nele, cada membro da família humana".[39]

A vocação e a identidade do religioso irmão adquirem significado nessa dinâmica, que é ao mesmo tempo integradora e complementar para os diversos ministérios, mas também necessitada e promotora de sinais proféticos.

---

[37] Cf. *Vita consecrata*, 60; *Novo millennio ineunte*, 46.

[38] Cf. *Vita consecrata*, 75.

[39] Ibid., 3.

I. O MISTÉRIO:

A FRATERNIDADE, DOM QUE RECEBEMOS

Testemunha e mediador: "Nós acreditamos no amor de Deus"

13. O que há na origem da vocação do irmão senão a experiência do amor de Deus? "Nós reconhecemos o amor que Deus tem por nós e acreditamos nesse amor" (1Jo 4,16).

Essa é também a origem de toda vocação cristã. "Não começamos a ser cristãos por uma decisão ética ou por uma grande ideia, mas pelo encontro com um acontecimento, com uma pessoa, que dá um novo horizonte à vida e, através dele, uma orientação decisiva."[40]

A opção radical que o Antigo Testamento propõe ao povo de Israel e a cada israelita, em particular, situa-se neste contexto do encontro da pessoa que crê com Deus, de um Deus que vem ao encontro do povo, que fez com ele a aliança. Trata-se de uma consagração total da vida: "Amarás o Senhor teu Deus com todo o teu coração, com toda a alma, com todas as tuas forças" (Dt 6,4-5). Jesus re-afirma essa exigência, mas vincula-a a esta outra: "Amarás o próximo como a ti mesmo" (Lv 19,18). Daí em diante, ambos os mandamentos tornar-se-ão um e indivisível (cf. Mc 12,29-31). "E, uma vez que Deus foi quem primeiro nos amou (cf. 1Jo 4,10), agora o amor já não é apenas um

---

[40] BENTO XVI. Carta Encíclica *Deus caritas est* (25 de dezembro de 2005), 1.

'mandamento', mas a resposta ao dom do amor, com o qual vem ao nosso encontro."[41]

A vocação do irmão não é apenas a de ser destinatário do amor de Deus, mas também a de ser testemunha e mediação desse mesmo dom, do projeto de comunhão que Deus tem sobre a humanidade e que se fundamenta na comunhão trinitária. Tal projeto, o mistério que foi revelado a nós em Cristo, visa estabelecer uma relação horizontal entre Deus e a humanidade, no interior da própria humanidade, ali onde Deus quis habitar.

As relações de filiação tornam-se, assim, simultaneamente, relações de fraternidade. Por isso que dizer "irmão" é o mesmo que dizer "mediador do amor de Deus", do Deus que "amou de tal forma o mundo que entregou o seu Filho único para que todos os que creem nele tenham a vida eterna" (Jo 3,16).

Ser "irmão" é também ser mediador do amor do Filho, o Mediador por excelência, que "levou seu amor até o fim" (Jo 13,1) e pediu-nos que nos amemos uns aos outros como ele nos ama (Jo 13,34). O irmão não pode fugir deste mundo que Deus ama tanto; pelo contrário, é impulsionado a ir ao seu encontro e a amá-lo. Ao contemplar a obra salvadora de Deus, o irmão descobre a si mesmo como um instrumento que Deus quer usar para tornar mais visível a sua aliança, o seu amor e a sua preocupação para com os mais fracos.

---

[41] Ibid.

O irmão está ciente de que toda a criação está impregnada do amor e da presença de Deus e que, em especial, quando se refere à pessoa humana, faz parte do plano salvífico de Deus. Assim nasce, no irmão e na comunidade de irmãos, o compromisso pela qualidade de seu serviço profissional em tudo o que faz, por mais profano que pareça ser.

Consagrado pelo Espírito

14. Nada há de maior que a consagração batismal. *"O Batismo nos regenera à vida dos filhos de Deus; nos une a Jesus Cristo e seu Corpo que é a Igreja; nos unge no Espírito Santo, tornando-nos templos espirituais."*[42] Toda a existência do cristão deve ser um processo de integração no plano de comunhão pelo Batismo, assumindo os seus compromissos batismais de acordo com a vocação que recebeu de Deus.

A frase anterior corre o risco de não ser entendida se a lermos à margem do grande relato da história da salvação, da qual vem a vida e na qual, graças ao Batismo, o cristão encontra um lugar próprio e insubstituível. Essa história conta como a Trindade projeta sua própria comunhão na missão de salvação da humanidade, como tenta a aliança de formas diversas e com ela se compromete, até o extremo, pela encarnação do Filho. Essa história da salvação continua, graças ao Espírito que se une à Igreja e a edifica com seus dons para continuar salvando a humanidade.

---

[42] *Christifideles laici*, 10.

Nessa grande história participamos todos, pois "Deus chama a cada um em Cristo pelo seu nome próprio e inconfundível".[43] Cada um intervém, ativamente, e sua influência sobre os outros é decisiva. A cada um, como membro da Igreja, "foi confiada uma tarefa original, insubstituível e não delegável, que deve ser realizada para o bem de todos".[44] Cada um, graças à unção recebida no Batismo e na Confirmação, poderá repetir as palavras de Jesus: "O Espírito do Senhor está sobre mim; ele me ungiu para evangelizar os pobres, enviou-me para proclamar a libertação aos cativos e a recuperação da vista aos cegos, para pôr em liberdade os oprimidos e para proclamar um ano da graça do Senhor" (Lc 4,18-19). Dessa forma, "o batizado participa na mesma missão de Jesus, o Cristo, o Messias Salvador".[45]

Compromisso público: tornar hoje visível o rosto de Jesus-Irmão

15. Nessa história pessoal que começa no Batismo, insere-se e encontra-se o pleno sentido da consagração religiosa. Isto é, "um original e fecundo aprofundamento" da consagração batismal, na medida em que exprime uma vocação, que implica "um dom específico do Espírito Santo".[46] Esse dom é experimentado como um impulso para proclamar, com a própria vida, diante da comunidade

---

[43] Ibid., 28.
[44] Ibid.
[45] Ibid., 13.
[46] *Vita consecrata*, 30.

eclesial e do mundo, o que Jesus anunciou na sinagoga de Nazaré: "Hoje se cumpriu esta passagem da Escritura, que vocês acabam de ouvir" (Lc 4,21). Esse impulso, que caracteriza a vida do profeta, é acompanhado de um convite sentido interiormente, para expressar, com o celibato voluntário, abraçado por amor e vivido em comunidade fraterna, a novidade do mundo revelado em Jesus Cristo, a fecundidade de sua aliança com a Igreja, muito além da carne e do sangue.

Cada consagração religiosa manifesta aos fiéis que o mistério de Cristo, o Salvador, *se realiza hoje e aqui*, neste mundo, e por meio da Igreja de hoje. Em cada tempo e lugar as pessoas consagradas revelam aos seus contemporâneos os traços de Jesus, com os quais ele mesmo observou que o mistério do Reino de Deus tinha irrompido na história. A visibilidade produz-se por um tipo de presença que descobre o carisma de cada família consagrada *no aqui e agora*. Por isso as pessoas consagradas frequentemente se perguntam: Como ser testemunhas do Senhor hoje? Que tipo de presença temos de assumir para que o Senhor Jesus possa ser visto, *sentido*, notado pelas pessoas de hoje?

A vida consagrada é chamada para ser "memória viva do modo de ser e de agir de Jesus, como Verbo encarnado, ante o Pai e ante os irmãos".[47] Em especial, o religioso irmão, como a religiosa irmã, torna visível, na Igreja, o rosto de Cristo irmão, "o primogênito entre muitos irmãos" (Rm

---

[47] Ibid., 22.

8,29), o artífice de uma fraternidade nova instaurada com seus ensinamentos e sua vida.

Exercício do sacerdócio batismal

16. O Concílio Vaticano II pôs em evidência a riqueza do Batismo e a grandeza do sacerdócio comum a todos os batizados. Tem sinalizado a relação mútua entre o sacerdócio batismal e o sacerdócio ministerial, e tem lembrado que este último está radicalmente ordenado a todos os fiéis.[48]

O religioso irmão, ao viver sua condição laica, mediante uma consagração especial, é testemunha do valor do sacerdócio comum, recebido no Batismo e na Confirmação: "Tornou-nos um reino de sacerdotes para seu Deus e Pai" (Ap 1,5-6). Sua consagração religiosa é por si só um exercício em plenitude do sacerdócio universal dos batizados. O ato essencial deste sacerdócio consiste na oferta do sacrifício espiritual, pelo qual o cristão se entrega a Deus *como sacrifício vivo e agradável* (Rm 12,1), em resposta ao seu amor e para procurar a sua glória.

O irmão vive a comunhão com o Pai, fonte de toda a vida, pela oferta total da sua existência a ele, numa atitude de louvor e adoração. O irmão, ao enraizar profundamente sua vida em Deus, *consagra* toda a criação, reconhecendo a presença de Deus e a ação do Espírito nas criaturas, na cultura, nos acontecimentos. E porque reconhece essa presença ativa pode anunciá-la para seus contemporâneos.

---

[48] Cf. *Christifideles laici,* 22; cf. *Lumen gentium*, 10.

Essa capacidade é fruto de um processo permanente de abertura a Deus pela sua consagração, ou seja, da vivência diária de seu sacerdócio batismal.

Semelhante em tudo aos seus irmãos

17. A consagração religiosa ajuda o irmão a participar, mais conscientemente, na dimensão fraterna que caracteriza o sacerdócio de Cristo. Ele "teve que se tornar semelhante em tudo a seus irmãos, para se tornar um sacerdote misericordioso e fiel" (Hb 2,17-18). Para revestir-nos de sua filiação divina, Jesus Cristo tornou-se primeiramente irmão, compartilhou nossa carne e sangue, tornou-se solidário com os sofrimentos de seus irmãos. Irmão é o título que Jesus dá aos seus discípulos após sua ressurreição, e Maria Madalena é a encarregada de anunciar: "Vá dizer aos meus irmãos: 'Subo para junto do meu Pai, que é Pai de vocês...'" (Jo 20,17).

Na comunidade fraterna que o acolhe, o religioso irmão experiencia o mistério de Jesus Ressuscitado como anúncio e envio. Essa comunidade é um espaço teológico,[49] onde Jesus se faz presente no meio dos irmãos (cf. Mt 18,20) para reuni-los num só coração, para dar-lhes o seu Espírito (cf. Jo 20,22) e enviá-los, como Maria Madalena, a anunciar que, em Cristo, todos somos irmãos, filhos do mesmo Pai. Com base nessa experiência, o irmão desenvolve o sacerdócio batismal pela fraternidade, sendo através dela a ponte de união entre Deus e seus irmãos, ungido e enviado pelo

---

[49] Cf. *Vita consecrata*, 42.

Espírito para trazer a boa-notícia do amor e da misericórdia de Deus a todos e, especialmente, para os menores de seus irmãos, para os membros mais fracos da humanidade.

O religioso irmão, como o leigo comprometido na sociedade secular, vive o sacerdócio universal segundo diferentes modalidades. Ambos expressam a complexa riqueza desse sacerdócio que implica a proximidade com Deus e a proximidade com o mundo, a pertença à Igreja como serva do Senhor e à Igreja que é construída a partir do mundo, e é destinado a Deus. O leigo comprometido com o mundo recorda ao religioso irmão que ele não pode ser indiferente à salvação da humanidade nem ao progresso na terra, querido por Deus e ordenado por Cristo. O irmão recorda ao leigo comprometido na sociedade secular que o progresso na terra não é o objetivo final, que "a edificação da cidade terrena é sempre fundada em Deus e se dirige a ele, para que não trabalhem em vão os que a edificam".[50]

A profissão: uma consagração única, expressa em votos diversos

18. A oferta de si torna-se pública e é recebida pela Igreja através da profissão dos votos. A consagração precede os votos, abarca-os e os supera existencialmente. Essa declaração compreenderemos à luz do que será abordado em seguida.

---

[50] *Lumen gentium*, 46.

Para responder à ação morosa de Deus que a *consagra*, a pessoa consagrada oferece-se a Deus pela profissão religiosa: faz a oferta, em primeiro lugar, da própria vida, para torná-la sinal do primado de Deus, de uma vida inteira para ele, da aliança, do amor de Deus por seu povo. É o compromisso do amor como a orientação fundamental da vida. É o vínculo da fraternidade como resposta ao dom da filiação, recebida de Deus em seu Filho, Jesus Cristo.

Essa consagração, que unifica e integra a vida, compromete a pessoa a viver o *aqui e agora*, de cada dia, o sacrifício de si mesmo em todas as dimensões no concreto de sua existência. Nesse dinamismo integrador, os votos adquirem sentido como modo de abarcar, com diferentes nuances, a totalidade da existência.

Na história da vida consagrada, a profissão religiosa pública tem sido explicitada de várias formas, mas a partir do século XIII foi se tornando comum a tendência de expressá-la através dos conselhos evangélicos, que ressaltam a intenção de *conformar com Cristo toda a existência*,[51] em três dimensões essenciais: castidade, pobreza e obediência.

O religioso irmão expressa a sua consagração pela profissão dos conselhos evangélicos à medida que indica a unidade da vida e a sua conformidade com Cristo, a partir do eixo central do Evangelho, o mandamento do amor a Deus e ao próximo. Ele vive a castidade, especialmente, como a experiência do amor de Deus, pelo qual se sente impulsionado a um amor universal e a tornar-se promotor

---

[51] Cf. *Vita consecrata*, 16.

de comunhão, com o testemunho de sua fraternidade.[52] Ele vive sua pobreza como quem recebeu gratuitamente, na pessoa de Jesus, a pérola preciosa do Reino de Deus; por isso torna-se disponível para construir a fraternidade e servir, na caridade, a todos, especialmente os mais pobres; essa pobreza faz com que os irmãos se abram uns aos outros e sintam que necessitam uns dos outros. Ele vive a obediência, de modo especial, como busca em comum da vontade do Pai na fraternidade, animada pelo Espírito, com a disposição de caminhar junto em união de espírito e coração[53] e aceitando, com alegria, as mediações humanas indicadas pela Regra do Instituto.[54]

Os votos expressam, portanto, o compromisso do irmão de viver o mistério de Deus, do qual foi constituído, juntamente com seus irmãos, *sinal e profecia* para a comunidade eclesial e para o mundo:[55] mistério de amor, de aliança, de fraternidade.

Uma espiritualidade encarnada e unificadora

19. A dimensão profética é parte essencial da identidade do consagrado e se desenvolve, em primeiro lugar, através da escuta. Assim como a experimenta o Servo de Javé: "Toda manhã ele faz meus ouvidos ficarem atentos

---

[52] Cf. ibid., 46; 51.
[53] Cf. ibid., 92.
[54] CONGREGAÇÃO PARA OS INSTITUTOS DE VIDA CONSAGRADA E AS SOCIEDADES DE VIDA APOSTÓLICA. Instrução *O serviço da autoridade e da obediência* (11 de maio de 2008), 9.
[55] Cf. *Vita consecrata*, 15.

para que eu possa ouvir como discípulo" (Is 50,4). Somente a experiência de estar enraizado em Deus e imbuído de sua Palavra pode garantir a vivência dessa dimensão, na ação apostólica, porque a *verdadeira profecia nasce de Deus*, da amizade com ele, da escuta atenta de sua Palavra nas diferentes circunstâncias da história".[56] A capacidade de ler os sinais dos tempos para captar, através deles, o apelo de Deus para trabalhar de acordo com seus planos,[57] para perceber a presença de Deus nas pessoas e especialmente nos pobres, é fruto do cultivo da contemplação, que nos ajuda a ver as coisas e as pessoas como Deus as vê.

A espiritualidade do irmão deve levá-lo a reviver de um modo especial a experiência cristã das origens, que o evangelista Mateus expressou simbolicamente: "A cortina do santuário rasgou-se" (Mt 27,51). Esta imagem sugere que Jesus, com sua morte, "abriu um caminho novo para nós e vive através do véu da sua própria humanidade" (Hb 10,20), para que possamos nos encontrar com o Pai. A presença de Deus já não é, exclusivamente, de um "lugar sagrado"; a partir de então, "a Deus devemos adorar em espírito e em verdade" (Jo 4,24).

O irmão é chamado para viver essa espiritualidade encarnada e unificadora, que facilita o encontro com Deus, não somente pela escuta da Palavra, nos sacramentos, na liturgia, na oração, mas também na realidade cotidiana, em todas as tarefas, na história do mundo, no projeto temporá-

---

[56] Ibid., 84.
[57] Cf. ibid., 73.

rio da humanidade, na realidade material, no trabalho e na técnica. Tal espiritualidade é baseada numa visão profunda da unidade do projeto de Deus: o mesmo Deus que é Pai de nosso Senhor Jesus Cristo foi quem criou o mundo e é quem o salva. Trata-se de levar toda a vida à oração e que a oração continue na vida.

Os religiosos irmãos conciliam a oração oficial da Igreja com a dimensão do serviço que caracteriza sua vida consagrada. Eles cultivam uma atitude contemplativa capaz de vislumbrar a presença de Jesus em sua história, na vida cotidiana, em seus afazeres e compromissos, para com ele poder exclamar: "Eu te bendigo, Pai... porque revelaste estas coisas aos simples..." (Lc 10,21).

Uma espiritualidade da Palavra para viver o mistério "em casa", com Maria

20. Os três evangelhos sinóticos narram, brevemente, uma cena em que Jesus estabelece uma clara diferença entre "sua mãe e seus irmãos" segundo a carne e "sua mãe e seus irmãos que ouvem a Palavra de Deus e a praticam" (Lc 8,21). No relato, Jesus pronuncia-se claramente em favor dos últimos. Os primeiros estão fora de casa, Jesus os chama a partir de fora; os segundos estão perto dele, dentro de casa, escutando-o. É nesta nova categoria de relacionamento familiar, estabelecido por Jesus, que Maria encontra sua verdadeira grandeza e significado profundo para a comunidade cristã. São Lucas nos diz que ela "guardava tudo no profundo do seu coração, meditando sobre isso continuamente" (Lc 2,19.51). Maria acolhe e vive de

modo profundo o mistério do amor de Deus até tornar-se sua carne. Ela é o elo de união na comunidade nascente de irmãos, que a acompanha, na qual está integrada como mãe e irmã; e nessa fraternidade orante recebe o Espírito (cf. At 1,14; 2,1-4).

Como Maria, o religioso irmão é convidado a viver intensamente a espiritualidade da Palavra, a ter essa experiência de *estar em casa*, em torno de Jesus, escutando sua mensagem, e a viver a seu lado o mistério do Pai que nos torna filhos no Filho e irmãos entre nós e com Jesus.

Como Maria, o irmão é convidado a deixar-se plenificar pelo Espírito, a escutá-lo dentro de si, que clama no mais profundo do coração: *Abba!* (Gl 4,6; Rm 8,15). Tal experiência é a única que pode sustentar a sua vocação.

Apoiado e inspirado em Maria, o irmão vive, em sua comunidade, a experiência do Pai que reúne os irmãos com seu Filho ao redor da mesa da Palavra, da Eucaristia e da vida. Com Maria, o irmão canta a grandeza de Deus e proclama a sua salvação: por isso sente-se impelido a procurar e fazer sentar-se à mesa do Reino os que não têm o que comer, os excluídos da sociedade e os marginalizados do progresso. Esta é a Eucaristia da vida que o irmão é convidado a celebrar a partir do seu sacerdócio batismal, reafirmado por sua consagração religiosa.

II. A COMUNHÃO:
A FRATERNIDADE, DOM QUE CONDIVIDIMOS

Do dom que recebemos ao dom que compartilhamos: "Que sejam um para que o mundo creia" (Jo 17,21)

21. O mistério da comunhão da própria vida interior que a Trindade nos comunica é dom compartilhado pelos irmãos na comunidade. O dom recebido e compartilhado será também entregue na missão.

O alicerce que mantém a comunidade religiosa é, acima de tudo, o dom da fraternidade que foi recebido, antes mesmo do empenho ou da generosidade de seus membros ou da tarefa que realizam. "Quando se esquece essa dimensão mística e teológica, que a coloca em contato com o mistério da comunhão divina, presente e comunicada à comunidade, chega-se, inevitavelmente, a perder, também, as razões profundas para tornar-se *comunidade*, para a paciente construção da vida fraterna."[58] A comunidade dos irmãos expressa, assim, o caráter universal da fraternidade inaugurada por Cristo, porque ela não se apoia em laços naturais, mas sobre a força do Espírito Santo, princípio vivo do amor entre os seres humanos. A vida comunitária autêntica constitui um sinal vivo da realidade essencial que os irmãos anunciam. O amor que Deus tem mostrado

---

[58] CONGREGAÇÃO PARA OS INSTITUTOS DE VIDA CONSAGRADA E AS SOCIEDADES DE VIDA APOSTÓLICA. Instrução *A vida fraterna em comunidade* (2 de fevereiro de 1994), 12.

à humanidade em Jesus Cristo torna-se princípio de união dos seres humanos entre si: "que sejam um para que o mundo creia" (Jo 17,21). Construída sobre a base da fé, a comunidade exerce o ministério de revelar o amor de Deus Trindade através da comunhão que nela reina.

A consagração e a missão permanecem unidas na comunidade. Na comunidade, reunida em nome de Jesus, o irmão experiencia o mistério de Deus: o amor do Pai, a vida de Jesus Ressuscitado, a comunhão do Espírito Santo. O Senhor consagra o irmão na comunidade e dela o envia a comunicar esse mesmo mistério: o amor, a vida, a comunhão.

Comunidade que desenvolve o sacerdócio batismal

22. A comunidade dos irmãos é em si mesma uma manifestação privilegiada do sacerdócio batismal. Toda ela se organiza para facilitar que seus membros vivam a experiência de ser eleitos pelo Senhor "como pedras vivas, utilizadas na construção de um edifício espiritual, para um sacerdócio santo, para oferecer sacrifícios espirituais, agradáveis a Deus através da mediação de Jesus Cristo" (1Pd 2,5). A imagem da Primeira Carta de Pedro nos dá a ideia do dinamismo de um edifício em construção. É muito apropriada para se referir a uma comunidade religiosa de irmãos chamada a desenvolver a dimensão do seu sacerdócio comum.

A comunidade organiza sua vida para ver passar a ação de Deus através de sua agenda diária e descobrir em suas páginas a história da salvação que vai se realizando a cada dia. Na mesma contemplação, a comunidade se descobre a si mesma como mediadora na ação salvífica de Deus. Agradece, celebra e se oferece para continuar, como um instrumento útil, a história da salvação.

A matéria da oferta sacerdotal da comunidade é a realidade própria dos irmãos, com as limitações, pobrezas e fraquezas de cada um. Os irmãos constroem a comunidade a partir do dom alegre de si mesmos. É uma experiência eucarística, pela qual se unem a Cristo em sua oferta ao Pai, para continuar a sua obra redentora através da comunidade. Nessa celebração da vida não pode faltar o perdão entre os irmãos, não apenas como uma exigência do amor e condição para construir a comunidade, mas como uma expressão do sacerdócio batismal. Eles se tornam, assim, mediadores, de uns para os outros, da graça e do perdão que vêm de Jesus Ressuscitado (cf. Jo 20,22-23).

Fraternidade ministerial: "fonte e fruto da missão"

23. "A comunhão representa, por sua vez, a fonte e o fruto da missão."[59] Essa afirmação da reflexão pós-conciliar da Igreja encontra uma imagem visível na comunidade construída pelos irmãos. Esta é sempre uma fraternidade para a missão. Não se trata, simplesmente, de a comunidade

---

[59] *Christifideles laici*, 32.

ter uma ocupação apostólica externa. O mistério de Deus salvador brota como uma fonte na comunidade, que é vivida entre os irmãos e projeta-se na missão eclesial. Retorna, portanto, à comunidade e realimenta a vida desta a partir da realidade experienciada na missão.

Impulsionados pelos respectivos carismas fundacionais, os Institutos de Irmãos constroem comunidades que se situam dentro da missão, em alguma parte da grande missão eclesial, quer seja ativa, quer contemplativa, quer mista. A comunidade atua como uma embaixadora do amor de Deus no mundo, instrumento de salvação entre os que sofrem, entre os marginalizados, entre os pequenos e os fracos. Ela encarna a presença salvadora de Deus dentro da realidade humana necessitada de salvação. Por isso é fácil identificá--la como um sinal que conduz diretamente ao significado. Trata-se de um grupo de irmãos que se esforçam para viver em comunhão em torno de quem os reuniu e comunicam essa experiência como uma mensagem de quem os envia.

A aprovação dos Institutos de Irmãos, por parte da Igreja, comporta, em primeiro lugar, o compromisso da missão que é realizada a partir de seu próprio carisma. Em segundo lugar, o reconhecimento de que o seu compromisso com as diversas situações humanas em que estão envolvidos não é algo acidental ou externo à sua vida religiosa, mas sim uma parte essencial de sua identidade e de sua consagração. Para além das tarefas concretas que desenvolvem, essas comunidades consagradas representam a Igreja, *sa-*

cramento universal da salvação,[60] no interior da sociedade e, sobretudo, ao lado dos pobres e dos que sofrem.

Parece, pois, apropriado nos referirmos a essas comunidades de irmãos como *fraternidades de serviço*, no sentido de que o ministério eclesial,[61] assumido pela comunidade de irmãos, lhes confere identidade peculiar na Igreja. Além disso, a comunidade acentua a relação fraterna entre os seus membros e com os destinatários de sua missão. Quem realiza o ministério não é um indivíduo, mas a comunidade. Os membros de uma comunidade ministerial podem desempenhar funções muito diversas; alguns até mesmo podem estar impossibilitados de realizar qualquer tarefa externa, por doença ou por idade. O ministério não é identificado com uma tarefa específica. É o conjunto da comunidade que a realiza através dos vários serviços de seus membros, incluindo o da oração, da oferta do sofrimento por parte dos enfermos, da atitude solidária de uns com os outros... A comunidade inteira é responsável pela missão que a Igreja lhe confiou.

A fraternidade pelo serviço tem sido um contributo fundamental dos Institutos religiosos de Irmãos à vida consagrada e à Igreja. Através dela os Institutos sublinham o laço indissolúvel entre comunhão e missão, o papel essencial do amor fraterno como um eixo central da evangelização, a extensão e a complexidade desta, a realidade da

---

[60] *Lumen gentium*, 48.
[61] Cf. *Vita consecrata*, 60.

ação do Espírito e as sementes da Palavra[62] presentes, de alguma forma, em todos os povos e culturas.

Comunhão fraterna e vida em comum

24. A vida em comum, essencial característica da vida religiosa dos irmãos, tem a finalidade de favorecer intensamente a comunhão fraterna, mas a vida fraterna não acontece automaticamente com a observância das regras que regem a vida em comum.[63]

É verdade que as estruturas são necessárias, porém a comunidade dos irmãos se expressa principalmente em suas atitudes. Eles se reúnem para participar mais intensamente na vida e na missão de Jesus, para testemunhar a fraternidade e a afiliação a que todos os fiéis são chamados.

A comunidade é, portanto, para os irmãos, *uma experiência*, mais que um lugar; ou melhor ainda, os irmãos vivem em comum, reúnem-se num lugar para vivenciar mais profundamente essa experiência. Assim, eles respondem ao apelo de ser *peritos em comunhão*,[64] sinais eficazes da possibilidade de viver relacionamentos profundos enraizados no amor de Cristo.

O amor mútuo é o distintivo dos cristãos (cf. Jo 13,35), e este é o sinal que os irmãos oferecem. Esse deve ser

---

[62] CONC. ECUM. VATICANO II. Decreto *Ad gentes*, sobre a atividade missionária da Igreja, 11.2; 15.1.

[63] Cf. *A vida fraterna em comunidade*, 3.

[64] *Vita consecrata*, 46.

o critério de discernimento de cada comunidade de irmãos, acima da eficácia de seus afazeres. É fácil ver como, no período fundacional de cada um dos Institutos de Irmãos, ressalta-se o amor fraterno como o eixo central do projeto e presume-se, explicitamente, o ideal dos primeiros cristãos de ser "um só coração e uma só alma" (At 4,32). A partir desse eixo, organizam sua ação apostólica conscientes de que esta consiste em transmitir o que os irmãos previamente vivem em comunidade. Sua fraternidade será criadora de fraternidade, e a missão dos irmãos emerge, desde o início, como ser comunhão e como criar comunhão.

Fraternidade e conselhos evangélicos: um sinal contracorrente

25. A vivência profética da fraternidade[65] de irmãos é acompanhada pelo compromisso de assumir o estilo de vida de Jesus. O celibato consagrado lhes permite viver plenamente a vida comunitária e ser irmãos e irmãs de todos, em vez de viver um amor exclusivo. A pobreza, como opção de um estilo de vida sóbrio e simples, partilhando os bens, para experimentar a comunhão fraterna com os outros.[66] E a obediência, pela qual todos se unem em torno de um projeto comum, "num mesmo testemunho e numa mesma missão, respeitando a própria individualidade e a diversidade de dons".[67] Essa vivência profética requer uma

---

[65] Cf. ibid., 85.
[66] Cf. PAPA FRANCISCO. *Mensagem para a celebração da XLVII Jornada Mundial da Paz*, 1º de janeiro de 2014, 5.
[67] *Vita consecrata*, 92.

ruptura inicial com o lugar de origem, com a família, com os amigos e com o povo... para depois recuperá-los, a partir do enraizamento na nova família, no novo quadro referencial da fraternidade universal.

A comunidade dos irmãos vive sua missão profética contracorrente, pois, por seu estilo de vida segundo o Evangelho, se opõe ao que o mundo promove. Ela é "uma fraternidade nascida do Espírito, da liberdade interior de quem confia em Deus, apesar dos limites humanos daqueles que a representam".[68] E, por isso, é um lugar de múltiplos compromissos, de interdependência mútua, de concórdia e solidariedade que se abre e se projeta para o exterior, num modo de vida exigente, no discernimento de seu estilo de vida à luz do Evangelho. Não deve ser esquecido, no entanto, que a fraternidade é um sinal frágil: precisa de renovação constante, tem que ser vivida no caminho para a santidade e no dinamismo evangélico que dá vida e recria constantemente as estruturas.

Comunidade em busca

26. No início da sua experiência vocacional (cf. At 22,3-21), o apóstolo Paulo pergunta: "O que devo fazer, Senhor?". A pergunta indica a mudança radical de atitude que aconteceu nele ao deixar o seu próprio caminho para entrar no caminho de Jesus. A resposta, ele não a encontrará no cumprimento exato da Lei e das tradições da sinagoga,

---

[68] Ibid.

mas na escuta das pessoas, na leitura dos acontecimentos e na contemplação da Palavra.

Os religiosos irmãos, ao enfrentar o presente, devem ousar fazer a mesma pergunta que Paulo fez: "O que devo fazer, Senhor?". Essa pergunta, porém, só é sincera quando é precedida pela disposição de "levantar-se", que é a primeira exigência da resposta (cf. At 22,10.16). Ou seja, a fidelidade ao tempo presente exige a disposição pessoal à mudança e à desacomodação. Sem isso pouco valerá a renovação das estruturas.

O irmão não faz a pergunta para si mesmo, mas a dirige ao Senhor Jesus, porque deseja conhecer e realizar a vontade dele. Ele deve ser um *contemplativo*, para descobri--lo nas pessoas e nos acontecimentos à luz da Palavra. Essa iluminação permite que o irmão leia a vida diária a partir do coração de Deus e viva cada momento como tempo de graça e salvação.

A vida consagrada, como toda forma de vida cristã, é uma *busca da perfeição no amor*.[69] A vocação do irmão e seu compromisso de ser memória, para todos, desta obrigação é também motivo para um maior empenho na busca de perfeição.[70] Na busca de perfeição devem estar muito atentos para o desgaste da vida fraterna em comunidade. São muitos fatores que tendem a destruí-la se os irmãos não a construírem diariamente e não repararem os danos ou conflitos que ocorrerem. Parte do seu processo de conversão

---

[69] Cf. ibid., 30; 35.
[70] Cf. ibid., 39; 93.

é *voltar continuamente ao essencial,* à sua missão profética na Igreja: viver a fraternidade como um dom recebido de Deus e construí-la com sua ajuda e com o compromisso dos irmãos, dentro e fora da comunidade.

III. A MISSÃO:

A FRATERNIDADE, DOM QUE ENTREGAMOS

A vida como fraternidade com os pequenos: "O que fizerem a cada um dos menores de meus irmãos" (Mt 25,40)

27. Duas imagens do Evangelho nos mostram o sentido da missão do irmão. Uma é a de Jesus compadecido com a multidão, "porque eles pareciam como ovelhas sem pastor" (Mc 6,34). Jesus sacia plenamente a fome da multidão com o pão da Palavra e, movido de compaixão, pede a seus discípulos que repartam com eles, também, o pão da vida natural: "Vocês é que têm de lhes dar de comer" (Mc 6,37).

A outra imagem também nos é oferecida por Jesus, *o Filho do Homem,* mas agora a sua compaixão é apresentada como fraternidade autêntica com os mais desfavorecidos, para identificar-se com eles. Seu mandato torna-se uma advertência solene: "O que fizerem a um destes menores meus irmãos, é a mim que o fazem. [...] Tudo o que deixam de fazer em favor dos mais humildes é a mim que deixam de fazer" (Mt 25,40-45).

Em todo o Evangelho é notável a preocupação de Jesus por aliviar o sofrimento e satisfazer as necessidades das pessoas, ao ponto de identificar-se ele mesmo com os mais necessitados e advertir que somente aqueles que os socorrem herdarão o Reino prometido. Da mesma forma, a missão que seus discípulos recebem, ao serem enviados para evangelizar, não se refere apenas ao anúncio da mensagem espiritual, mas também para libertar as pessoas de tudo o que oprime seu ser e seu desenvolvimento humano,[71] já que "entre evangelização e promoção humana – desenvolvimento, libertação – existem de fato laços muito fortes".[72]

Ao longo da história da Igreja, tem-se levado a sério o mandato de Jesus: "Deem-lhes vocês mesmos de comer". Sua ação evangelizadora tem sido sistematicamente ligada à partilha do pão humano, nas suas diversas formas: alimento, saúde, libertação, cultura, sentido de vida etc. Em especial, a história da vida consagrada narra este esforço que se transforma em realidade à Boa-Nova do Reino.

A missão do irmão segue este mesmo movimento apresentado pelos dois ícones que acabamos de contemplar. De um lado, é fruto de um coração que se deixa compadecer pelas necessidades e misérias da humanidade; sente nelas o apelo de Cristo, que o envia para saciar a fome de diversas formas; o carisma o tornará sensível a alguma dessas realidades. Mas não é suficiente; o irmão, cuja vocação última é a de identificar-se com o Filho do Homem, sente-se im-

---

[71] Cf. Mt 10,1; Mc 3,14-15; 6,12-13.
[72] *Evangelii nuntiandi,* 31.

pulsionado a tornar-se como ele, o irmão dos menores dos irmãos. E assim, como o dom da fraternidade, que recebeu e que vive em sua comunidade, entrega-o agora na missão. É um dom, cujos destinatários últimos são os irmãos menores com os quais Cristo se identificou. A missão não é "o que faz", mas a sua própria vida feita comunhão com os pequenos: "Para que o dom não humilhe o outro, não só devo dar algo de meu, mas dar a mim mesmo; preciso ser parte do dom como pessoa".[73]

Participando no ministério de Jesus, "o Bom Pastor"

28. "[...] Os religiosos irmãos desempenham diversos e valiosos serviços dentro e fora da comunidade, participando assim na missão de proclamar o Evangelho e dar testemunho dele com a caridade no cotidiano da vida. Com efeito, alguns desses serviços podem ser considerados ministérios eclesiais, confiados pela autoridade legítima."[74] Os serviços "são todos uma participação no ministério de Jesus Cristo, o Bom Pastor, que dá a vida por suas ovelhas (cf. Jo 10,11), o servo humilde e totalmente sacrificado para a salvação de todos (cf. Mc 10,45)".[75]

A imagem do Bom Pastor, assim como a imagem do Mestre com toalha cingida na cintura e lavando os pés dos discípulos, fala-nos não do poder, mas do serviço, do

---

[73] BENTO XVI. *Deus Caritas Est*, 34.
[74] *Vita consecrata*, 60.
[75] *Christifideles laici*, 21.3.

amor e do sacrifício, até o de dar a vida. Assim, o irmão deve entender seu serviço, quaisquer que sejam as funções concretas que lhe forem confiadas, em complementaridade com seus irmãos.

Entre os serviços e ministérios realizados pelos irmãos, alguns estão mais ligados à vida interna da Igreja, enquanto outros destacam seu caráter missionário. Alguns dependem de tarefas mais espirituais, como o serviço da Palavra de Deus ou a liturgia, outros expressam melhor a Igreja preocupada pelo bem material dos homens, como a força do Espírito para a cura e a transformação do mundo.

Em qualquer caso, a missão do irmão não se reduz à atividade que realiza, mesmo que apostólica. Missão é o trabalho de evangelização em seu sentido mais amplo. "Evangelizar constitui, efetivamente, a razão de ser e a vocação da Igreja, sua identidade mais profunda. Ela existe para evangelizar..."[76] O mesmo se pode afirmar da vida consagrada e, especificamente, do irmão religioso: "Em sua vocação está incluída, portanto, a tarefa de dedicar--se completamente à missão. Antes das obras exteriores, a missão realiza-se em tornar Cristo presente, no mundo, através do testemunho pessoal. Este é o desafio, esta é a principal tarefa da vida consagrada! A pessoa consagrada está 'em missão' em virtude de sua própria consagração, expressa segundo o projeto do Instituto".[77] Nessa relação íntima entre a missão e a consagração fundamenta-se a

---

[76] *Evangelii nuntiandi*, 14.

[77] *Vita consecrata*, 72.

unidade de vida do religioso, que se compromete na missão por sua consagração e vive sua consagração na missão.

As atividades que o irmão realiza, mesmo as mais apostólicas, podem variar ou desaparecer por causa de doença ou de idade avançada, mas ele está sempre em missão. O trabalho de evangelização, vivenciado e animado a partir do próprio carisma, é a razão de ser do irmão e o que dá sentido à sua consagração religiosa. Como Jesus, pode dizer: "Por eles eu me consagro" (Jo 17,19).

Não é, portanto, uma questão de tarefa, mas de identidade: "Eu sou uma missão nesta terra e para isso estou neste mundo. O irmão deve reconhecer-se a si mesmo como marcado pelo fogo por esta missão de iluminar, abençoar, vivificar, levantar, curar, libertar".[78] O ministro é a pessoa inteira do irmão: consagrado, homem de comunidade, identificado com missão. Todo ele assume o privilégio e a responsabilidade de representar para a Igreja o Bom Pastor que dá a vida por suas ovelhas.

A missão que conduz às fontes: "Venha e verá"

29. A sede de espiritualidade aparece com força na sociedade atual, mas tende a se afogar numa infinidade de substitutos. Assim como Filipe a Natanael, o irmão apressa-se para anunciar a descoberta da Pessoa que responde aos desejos mais profundos do coração humano; e, ante a descrença do seu interlocutor, pode dizer: "Venham e ve-

---

[78] *Evangelii gaudium*, 273.

jam" (cf. Jo 1,45-46). É o mesmo convite feito pela mulher samaritana ao povo de sua cidade depois de ter encontrado a fonte de água viva que Jesus lhe ofereceu: "Venham ver um homem que me disse tudo o que eu fiz. Será que ele não é o Messias?" (Jo 4,29).

Os irmãos oferecem-se como guias na busca de Deus,[79] conscientes de suas próprias incoerências, capazes, porém, de acompanhar seus contemporâneos em seu itinerário de fé. Em nível comunitário, os irmãos planejam suas comunidades para que sejam *escola de autêntica espiritualidade evangélica*[80] e as oferecem como *lugares privilegiados de onde se experienciam os caminhos que levam a Deus.*[81] Eles são chamados, portanto, como comunidade, a convidar à oração, a compartilhar a busca e a experiência de Deus, a facilitar a leitura das Escrituras e aprofundar o diálogo entre fé e cultura...

As comunidades contemplativas concentram sua missão neste mostrar as fontes. Essas comunidades são um sinal poderoso que interroga a nossa sociedade longe de Deus. Elas são lugares de encontro para jovens e adultos em busca do sentido profundo de suas vidas. Não é casual o fenômeno do despertar espiritual e da atração da juventude por comunidades orantes de tipo ecumênico, como as comunidades de Taizé ou outras comunidades monásticas e conventuais católicas, tanto de homens como de mulheres.

---

[79] *Vita consecrata*, 103.
[80] Ibid., 93.
[81] *A vida fraterna em comunidade*, 20.

Todos os irmãos, qualquer que seja sua missão específica, devem preocupar-se em ser testemunhas da esperança que carregam dentro de si, de acordo com o convite de São Pedro (1Pd 3,15). Eles são chamados para dar um rosto à esperança, tornando-se presentes em situações de dor e miséria, afirmando que a ternura de Deus não tem fronteiras, que a ressurreição de Jesus é a vitória, que o Deus da Vida terá a última palavra sobre a dor e a morte, que no último dia Deus enxugará todas as lágrimas (Ap 7,17) e viveremos como irmãos e irmãs.

Missão de fraternidade, buscando o irmão perdido

30. Os carismas dos Institutos de Irmãos, muitas vezes, respondem a este convite de Jesus: "Atravessemos para a outra margem" (Mc 4,35). A narração evangélica a nós transmitida por Marcos (4,35;5,20) mostra Jesus e seus discípulos adentrando em terras pagãs para anunciar a mensagem do Reino. Revela uma situação típica da vida eclesial: diante da tentação de retrair-se e permanecer no seu próprio espaço, a Igreja é provocada por seu Mestre a ultrapassar as fronteiras. Nada do que é humano lhe é alheio e qualquer situação humana será sempre um cenário potencial para a Igreja, um lugar apropriado para o anúncio da Boa-Nova do Reino.

A busca do distante, do estranho, do perdido, do que tem outra cultura... é uma preocupação forte nas origens da Igreja e se repete como um eco potente no início dos Institutos religiosos. Nos Atos dos Apóstolos, a expressão "os confins do mundo" indica o lugar para onde devem se dirigir os discípulos de Jesus para a proclamação do Evangelho: "Vocês serão minhas testemunhas... até os confins da terra" (At 1,8). Os religiosos irmãos, animados por seus carismas, aceitaram esse convite.

Hoje, onde estão os confins do mundo? Já não coincidem com os lugares distantes, mas com situações de marginalização, nas *periferias* do nosso mundo. Os confins estão, hoje, nos países pobres, nos povos em via de desenvolvimento e também nas zonas deprimentes dos países desenvolvidos. Os confins coincidem com a realidade dramática que vivem hoje tantos homens e mulheres, num contexto marcado pelo empobrecimento, migração, fome, injustiça, indiferença e falta de sensibilidade para a dor dos outros, a superficialidade, a perda de valores humanos e religiosos... A vocação do irmão, vivida com autenticidade e encarnada nesta realidade, adquire um grande sentido.

A dimensão de *até os confins* traduz-se numa *opção preferencial pelos pobres, pelos que se encontram numa situação de necessidade urgente.*[82] A essa opção estão obrigados todos os discípulos de Cristo, porque ela pertence à essência do Evangelho.[83] Na verdade, esse é o sinal que Jesus dá quando lhe perguntam se é ele o esperado (cf. Mt 11,2-6). As pessoas consagradas, que fizeram profissão pública *de conformar-se com Jesus, são chamadas a ser coerentes com o compromisso de viver sempre para os pobres e, na*

---

[82] Cf. *Vita consecrata*, 82; cf. *Evangelii gaudium*, 197-201.
[83] Cf. *Evangelii gaudium*, 48-49.

medida em que seu carisma assim o exigir, com os pobres ou como os pobres.

O Evangelho de Lucas oferece ao religioso irmão um ícone em que pode "espelhar-se" para deixar-se confrontar por ele em sua busca do irmão que está distante. Trata-se do bom samaritano (Lc 10,30-37). O homem compassivo da Samaria que se faz próximo do irmão que está caído é sinal do amor misericordioso do Pai.

Sinal de um Reino que busca a salvação integral da pessoa

31. Muitos religiosos irmãos realizam sua missão exercendo uma profissão secular, seja no serviço da saúde, seja na educação, na assistência aos imigrantes, no acompanhamento de crianças e adolescentes em situação de risco etc. Eles testemunham, assim, que o compromisso pelo Reino implica, também, o esforço para construir, aqui e agora, um mundo mais humano e habitável, e que o amor de Cristo está unido ao amor pela humanidade, especialmente a seus membros mais fracos e necessitados. Hoje, mais do que nunca, o mundo necessita de consagrados que, a partir do coração das realidades seculares e da vida humana, testemunham que conhecem e amam o Deus da vida.

Referimo-nos aqui, em primeiro lugar, ao trabalho manual que muitos irmãos e irmãs realizam. Os monges irmãos, especialmente em mosteiros beneditinos, desempenharam um papel decisivo no Ocidente, na restauração da dignidade e do valor positivo do trabalho manual, que ainda hoje, em algumas culturas, é considerado como próprio de pessoas de classe inferior. Através do trabalho manual, os religiosos irmãos testemunham o valor supremo do trabalho, pelo qual o homem colabora com Deus no aperfeiçoamento da obra maravilhosa da criação, tornam-se próximos de seus irmãos mais simples e identificam-se com Jesus, irmão e trabalhador.

Os Institutos de Irmãos, cuja missão está associada com a promoção social e com o exercício dos direitos humanos em vários campos de marginalização, fragilidade humana ou de amadurecimento da pessoa, oferecem o sinal profético de um Reino que busca a salvação integral de cada ser humano. Sua inserção, nessas tarefas e ambientes, é, de preferência, comunitária. Eles aportam, desse modo, o testemunho de uma comunidade fraterna, cuja coesão é baseada naquele que os chamou e enviou. Mesmo quando, devido à idade ou outras circunstâncias, os irmãos não podem exercer funções profissionais, a presença da comunidade consagrada neste contexto é um sinal que mostra o caminho e aponta para um horizonte revelador de sentido.

O Reino de Deus está sempre entre nós, é construído aqui; e está sempre mais além, porque supera qualquer realização humana; é obra do Espírito. Essa dimensão escatológica é personalizada e representada na consagração e na pessoa do irmão, e torna-se visível, especialmente, na comunidade dos irmãos.

3.

SER IRMÃOS HOJE: UMA NARRAÇÃO DA GRAÇA

"PERMANEÇAM NO MEU AMOR!"
(Jo 15,9)

Uma narração que seja história de salvação

32. Como podem os irmãos, hoje, ser um rosto reconhecível da aliança, em continuidade com o ministério do Servo de Javé (cf. Is 42,6) e em fidelidade à vocação profética recebida do Senhor? Como podem continuar sendo a memória viva e interpelante para toda a Igreja de Jesus que serve, que lava os pés e ama até dar a vida? Como poderão sentir e avaliar a sua mensagem, aquela que a Igreja espera e precisa deles, a mensagem de fraternidade? Em suma, o que implica ser irmãos hoje?

A resposta a essas perguntas não é fácil nem simples por causa das diferenças entre os vários Institutos religiosos e a situação diversa da vida religiosa nos diferentes continentes.

A vida consagrada sempre foi uma história de graça na Igreja e para o mundo: "um dom de Deus Pai à sua Igreja através do Espírito", que orienta o olhar dos fiéis "para o mistério do Reino de Deus, que já atua na história, mas espera sua realização plena no céu".[84]

A vida *dos irmãos é uma história*, uma *história de salvação* a seus contemporâneos, e, entre eles, especialmente para os mais pobres. "A beleza mesma do Evangelho nem sempre pode ser adequadamente expressa por nós, porém há um sinal que jamais deve faltar: a opção pelos últimos, por aqueles que a sociedade descarta e rejeita."[85] O que é próprio dos irmãos é o preocupar-se em *ser um dom de Deus Pai para aqueles aos quais eles são enviados.* Eles são transmissores do amor que passa do Pai ao Filho e do Filho a seus irmãos: "Como o pai me ama, assim eu os amo. Permaneçam no meu amor" (Jo 15,9). A permanência que lhes é pedida compreende uma dinâmica ativa, a do amor.

Quem é meu irmão?

33. A pergunta sobre o que significa ser irmão, hoje, pressupõe outra: *Quem é meu irmão?* E a parábola do bom samaritano nos remete a esta outra: *Para quem, ou de quem, nós nos tornamos irmãos?* A resposta para os religiosos irmãos é clara: de preferência, daqueles que mais necessitam de sua solidariedade e são indicados no seu carisma fundacional.

Para dar vitalidade e realismo à narrativa, os irmãos são chamados a deixar-se inspirar por uma série de ícones

---

[84] *Vita consecrata*, 1.

[85] *Evangelii gaudium*, 195.

bíblicos, fundacionais e contemporâneos, que melhor possam abrir sua vida cotidiana ao mistério de amor e de aliança revelado pelo Pai, pelo Filho e pelo Espírito Santo.

Os dois primeiros capítulos desta reflexão estão recheados de ícones bíblicos, desde Moisés, diante da sarça ardente, e o Servo de Javé, "aliança do povo", até Paulo caído na estrada de Damasco. Jesus é o ícone central, que nos convida a ser memória do seu amor. O conjunto desses ícones nos apresenta o grande relato da história da salvação, na qual os irmãos são chamados a agir, cooperando, assim, na obra salvífica de Deus.

Esses ícones bíblicos, por um lado, hão de se unir aos ícones do período da fundação do próprio Instituto, que recordam aos irmãos o fogo inicial a ser recuperado. E por outro lado, hão de se unir aos ícones que hoje transmitem a voz do Espírito: rostos de irmãos que, nos últimos tempos, deram suas vidas, até o martírio, em lugares de conflito social ou religioso; e também aos rostos de crianças, jovens, adultos e idosos, pessoas que hoje vivem dignamente graças ao apoio e à presença próxima dos religiosos irmãos.

Existem muitos mais rostos que ainda esperam que o bom samaritano se aproxime deles para tornar-se seu irmão e trazer-lhes vida. Com seus olhares clamam ao irmão os dons que recebeu como mediador e cujos destinatários últimos são eles. Eles estão convidando os irmãos religiosos, hoje, seja qual for a idade que têm, para compor uma história da graça, vivendo a paixão por Cristo e pela humanidade. A preocupação com a própria sobrevivência, para que a história da salvação continue sendo escrita, é justa. Mas muito mais procedente é o desejo de dar a vida, de enterrar-se como o grão de trigo, sabendo que Deus fará com que ele produza *cem por um*, na forma que ele julgar necessário.

Estabelecer os fundamentos: a formação inicial

34. A história do *irmão*, *hoje*, começa a ser construí-da a partir da formação inicial: nela o vocacionado a este estilo de vida toma consciência da experiência do Servo: "O Senhor me chamou, desde o seio materno, desde as entranhas da minha mãe pronunciou o meu nome. [...] Sou precioso para o Senhor, e em Deus está a minha força" (Is 49,1.5). Enraizado, assim, na iniciativa livre de Deus e na experiência pessoal de seu amor gratuito,[86] o jovem formando vai crescendo no sentimento de pertença ao povo de Deus, dentro do qual e para o qual foi escolhido.

Um estudo adequado da eclesiologia da comunhão irá ajudá-lo a relacionar-se com as pessoas que seguem as diversas formas de vida com as quais articula-se a vida eclesial.[87] Será também um incentivo para sentir-se irmão com todos os irmãos e irmãs que formam o povo de Deus. Poderá, ainda, descobrir e valorizar seus próprios dons, não como uma coisa que o separa ou o eleva acima dos demais, mas como a capacidade que recebeu de oferecer algo especial para o crescimento do Corpo de Cristo e sua missão no mundo.

---

[86] Cf. *Vita consecrata*, 17.
[87] Cf. ibid., 31.

"Todos na Igreja são consagrados no Batismo e na Confirmação."[88] Aprofundando este alicerce comum e lendo-o do ponto de vista próprio do carisma fundacional, encontrará o sentido da consagração do religioso irmão. A intuição teológica carismática que fundamenta sua vocação deve estar muito presente no início da formação inicial. Essa intuição revela um modo específico de viver o Evangelho, através de uma consagração especial enraizada na consagração batismal e a serviço de uma determinada missão.

Alimentar a esperança: a formação permanente

35. Os irmãos vivem sua vocação no mundo de hoje de forma diversa: uns com um certo desencanto e frustração, outros com lealdade, paz, alegria e esperança. A formação permanente se faz necessária para estimular a alguns, para manter a outros e para dar a todos a oportunidade de viver o presente como *um tempo de graça e de salvação* (cf. 2Cor 6,2). Hoje, mais que nunca, *é uma exigência intrínseca da consagração religiosa*[89] e precisa ser programada em cada Instituto, num projeto sério e, quanto possível, sistemático.

A formação permanente dos irmãos se orienta para que possam reviver em nosso tempo o itinerário dos fundadores; para que descubram e implementem, no presente, o dinamismo que os levou a criar um projeto de evangelização; para que releiam o carisma fundacional à luz dos

---

[88] Ibid.

[89] Ibid., 69.

desafios e possibilidades atuais, descobrindo-o como raiz e profecia, e se deixem inspirar por ele para responder aos problemas atuais.

O objetivo da formação permanente visa dar as chaves para viver a vida consagrada no mundo e na Igreja de hoje e proporcionar os critérios que orientam a presença dos irmãos no campo de missão. Essa formação deve levar os irmãos a apropriarem-se dos valores que acompanham sua ação. Ela deve ser considerada como um processo de discernimento comunitário para produzir a mudança em toda a comunidade e não apenas dos indivíduos isoladamente.

A formação, se possível, deve ser compartilhada, não só com os membros do Instituto, mas com pessoas de outros estados de vida que participam do mesmo carisma. Será, também, muito útil considerar a realização de uma boa parte dela em coordenação com outras famílias carismáticas, mais ou menos semelhantes, sem descuidar, no entanto, dos traços peculiares de cada vocação.

Recuperar os mestres de vida e de esperança

36. Um caso particular é a formação permanente dos irmãos mais velhos, membros ativos na construção da narrativa comum da salvação. Muitos dos religiosos irmãos desenvolvem sua missão no exercício de profissões seculares, como na saúde e na educação. Uma mentalização prévia é necessária para evitar que, de fato, a aposentadoria pelo trabalho abarque a aposentadoria religiosa. Não existe aposentadoria na missão evangelizadora, simplesmente

participa-se dela de várias maneiras. Uma maneira, e muito importante, é a de apoiar a missão comum com a oração e o sacrifício; outra forma são os pequenos serviços que podem ser oferecidos, de acordo com as condições de saúde; e também sendo testemunhas e protagonistas da gratuidade.

A contribuição esperada dos idosos não é tanto o desempenho de tarefas específicas, mas, principalmente, o saber estar na comunidade como *mestres de vida e de esperança*, dispostos a acompanhar o caminho e o cansaço dos que estão mais envolvidos em tarefas externas da missão. Dessa forma eles cooperam para que a comunidade de serviço seja, para o conjunto da sociedade, *o sinal profético*[90] de fé, amor e esperança que esta necessita.

Profetas para o nosso tempo

37. Cada época necessita de seus profetas. Nós já mencionamos vários serviços proféticos que os religiosos irmãos oferecem à sociedade e à Igreja de hoje, contribuindo para uma maior humanização da sociedade e para responder à sua busca de espiritualidade. Salientamos alguns outros, que o momento atual de mudança social exige, e que são uma interpelação para os religiosos irmãos:

– A profecia da hospitalidade na abertura e acolhida do outro, ao estrangeiro, aos de religião, raça ou cultura diferente. É um elemento essencial da

---

[90] Cf. ibid., 85.

convivência humana diante da intolerância, da exclusão e da falta de diálogo.

- A profecia do sentido da vida. O serviço de diálogo e de escuta gratuita, ao qual muitos religiosos e religiosas dedicam grande parte do seu tempo, é uma ajuda para a descoberta do essencial diante do vazio existente na sociedade de bem-estar.

- A profecia da afirmação dos valores femininos na história da humanidade. As irmãs têm, aqui, o papel principal de aportar a visão feminina da vida e abrir também novos horizontes para a tarefa evangelizadora em geral. Os religiosos irmãos contribuem para aprofundar esta linha profética através do apoio fraterno e valorização da presença de mulheres, de religiosas e leigas na evangelização.

- A profecia do cuidado e da defesa da vida, da integridade da criação. Há religiosos e religiosas que arriscam suas vidas na denúncia de práticas e políticas que ameaçam a vida humana e seu *habitat*. Outros dedicam grande parte do seu tempo e energias aos trabalhos manuais de conservação da natureza. Com a sua consagração, uns e outros apontam, de formas diversas, o sentido e o valor espiritual desta missão: preservar o nosso mundo para as gerações futuras.

- A profecia do sábio uso de novas tecnologias para colocá-las a serviço da comunicação, para democratizar a informação, a fim de buscar maneiras de beneficiar os menos favorecidos e fazer delas um instrumento útil na tarefa evangelizadora.

Em família: um novo modo de ser Igreja

38. Os religiosos irmãos, hoje, frequentemente, vivem sua vocação inseridos em famílias carismáticas. Muitas delas são antigas, mas se renovaram profundamente. Ao mesmo tempo surgem outras novas, como fruto da eclesiologia de comunhão promovida pelo Concílio Vaticano II. Elas apontam para uma nova maneira de viver e construir a Igreja, um novo modo de compartilhar a missão e de colocar em comum os diversos dons que o Espírito distribui entre os fiéis. Elas representam "um novo capítulo, rico de esperanças, na história das relações entre as pessoas consagradas e entre os leigos".[91]

Os carismas fundacionais nascidos com as ordens e congregações religiosas, desdobram-se, hoje, como rios que irrigam a face da Igreja e se estendem para além dela. De sua orla se aproximam fiéis de vários estados e projetos de vida, para beber de suas águas e participar na missão da Igreja, desde a sua inspiração e vitalidade, sempre renovada por tais carismas.[92]

Os leigos e as leigas, religiosos, religiosas e sacerdotes reúnem-se numa família carismática para reviver juntos o carisma que deu origem a essa família, para encarnar

---

[91] Ibid., 54.
[92] *Partir de Cristo*, 31

juntos o rosto do Evangelho que tal carisma revela e para servir, juntos, à mesma missão eclesial, que já não é mais apenas a missão de um determinado Instituto.

O religioso irmão encontra, em sua família carismática, um ambiente propício para o desenvolvimento da sua identidade. Em tal ambiente, os irmãos compartilham a experiência de comunhão e promovem a *espiritualidade de comunhão*, como verdadeiro sangue que dá vida aos membros da família e a partir dela se estende a toda a Igreja.[93] Na família carismática os religiosos irmãos situam-se entre outros cristãos e atuam em função deles. *Com eles*, são irmãos que constroem uma fraternidade para a missão, animados pelo carisma fundacional; *para eles*, eles são sinais dessa mesma fraternidade, que são chamados a viver na vida consagrada.

O vinho novo em odres novos

39. O vinho novo precisa de odres novos. É responsabilidade de toda a Igreja favorecer que o vinho novo não só não se perca como possa obter qualidade.

– Os Institutos de Irmãos são interpelados a desenvolver novas estruturas e planos de formação inicial e contínua para ajudar os novos vocacionados e os membros atuais a redescobrir e valorizar a sua identidade no novo contexto social e eclesial.

---

[93] Cf. *Vita consecrata,* 51.

– Os Institutos chamados "mistos",[94] a que se refere a Exortação Apostólica *Vita consecrata*, formados por religiosos sacerdotes e irmãos, são convidados a continuar avançando no seu propósito de estabelecer, entre seus membros, uma ordem de relações baseada na dignidade igual, sem quaisquer diferenças a não ser aquelas derivadas da diversidade de seus ministérios. Para promover tal progresso, esperamos que se resolva, com determinação e num período de tempo oportuno, a questão sobre a jurisdição dos irmãos nesses Institutos.

– A teologia da vida consagrada é chamada a desenvolver uma reflexão em profundidade, especialmente pelos próprios Institutos de Irmãos, sobre a vida religiosa destes. Essa reflexão inspirar-se-á na eclesiologia e na espiritualidade de comunhão, fundamento do estilo de vida religiosa, que se desenvolveu na Igreja nos últimos séculos sob a forma de *fraternidades de serviço*.

– Os superiores e os órgãos de governo dos Institutos devem reforçar a sua atenção para descobrir os sinais de vida nova, para promovê-los e acompanhá-los, e para detectar as manifestações do carisma fundacional nas novas relações características da Igreja-Comunhão.

---

[94] Cf. ibid., 61.

– Os pastores e a hierarquia da Igreja são convidados a favorecer o conhecimento e a valorização do religioso irmão nas Igrejas locais, a qual se traduz na promoção desta vocação, especialmente na pastoral juvenil, e facilitar que os religiosos irmãos e as irmãs participem ativamente nos organismos de consulta, decisão e ação das Igrejas locais.

O fio da narração: "Permaneçam no meu amor!"

40. Concluímos esta reflexão sobre a identidade e missão do irmão religioso recordando o apelo do Mestre: "Permaneçam no meu amor" (Jo 15,9). Os irmãos precisam ter bem presente quando se entregam, com ardor, para ser irmãos, hoje: "Não percamos o fio condutor da história!". Este fio que está tecendo sua vida é a experiência de se sentirem enviados como sinais da ternura maternal de Deus e do amor fraterno de Cristo; é o fio que dá unidade a todas as suas ações e acontecimentos para constituí-los em história da salvação. Quando se perde esse fio, a vida se fragmenta em episódios que já não remetem a Deus, nem a seu Reino, mas se tornam autorreferenciais.

Os irmãos, no empenho para responder às necessidades da missão, podem ser assediados pela tentação do ativismo, pois é *muito o pão* que precisa ser preparado para os comensais. O ativismo rapidamente os esvazia das motivações evangélicas e os impede de contemplar a obra de Deus que se realiza na sua ação apostólica. Levados pelo ativismo, eles acabam substituindo a busca de Deus e de sua vontade pela busca de si mesmos.

A contemplação do ícone representando Marta e Maria, visitadas por Jesus em sua casa (Lc 10,38-42), é muito útil. As duas irmãs vivem em *tensão recíproca*. Elas precisam uma da outra, mas a convivência nem sempre é fácil. Nós não podemos separá-las, mas sabemos que a cada momento pode predominar uma ou outra. Mas uma delas está atenta, especialmente, ao sentido e profundidade da vida que aporta a Palavra de Jesus: Maria escolheu "a melhor parte", enquanto Marta "estava ansiosa nas muitas tarefas".

O evangelista Lucas narra a cena das duas irmãs logo após a cena do bom samaritano (Lc 10,30-37), o homem que se tornou irmão de quem necessitava dele. Ambos os ícones, portanto, complementam-se na mensagem e recordam ao religioso irmão a chave essencial de sua identidade profética, a que lhe garante *a permanência no amor de Cristo*: o irmão é chamado a ser um transmissor na corrente de amor e aliança que vem do Pai por Jesus, que ele experimentou em sua pessoa. Enquanto ele realiza essa função, e para não se esquecer de que é apenas um instrumento movido pelo Espírito na obra de Deus, lembrará sempre as palavras de Jesus: "Sem mim vocês não podem fazer nada" (Jo 15,5).

Vaticano, 4 de outubro de 2015

Festa de São Francisco de Assis

JOÃO BRAZ, Card. DE AVIZ
Prefeito

† JOSÉ RODRÍGUÉZ CARBALLO, ofm
Arcebispo Secretário

SUMÁRIO

Introdução 5
    Irmão 5
    Os destinatários 7
    Um marco referencial para a nossa reflexão 7
    Estrutura do documento 8

1 – Os religiosos irmãos na Igreja-Comunhão 11
"Eu te escolhi como aliança do povo" (Is 42,6)
    Um rosto para a aliança 11
    Em comunhão com o povo de Deus 13
    Uma memória viva para a consciência eclesial.... 14
    Redescobrindo o tesouro comum 16
    Um projeto renovado 17
    Desenvolvendo o tesouro comum 19
    Irmão: uma experiência cristã das origens 22

2 – A identidade do religioso irmão 25
Um mistério de comunhão para a missão
    Memória do amor de Cristo: "O mesmo devem
    fazer vocês..." (Jo 13,14-15) 25

I. O MISTÉRIO:
A FRATERNIDADE, DOM QUE RECEBEMOS
    Testemunha e mediador:
    "Nós acreditamos no amor de Deus" 28
    Consagrado pelo Espírito 30

Compromisso público: tornar hoje visível
o rosto de Jesus-Irmão...31
Exercício do sacerdócio batismal...........................33
Semelhante em tudo aos seus irmãos....................34
A profissão: uma consagração única,
expressa em votos diversos......................................35
Uma espiritualidade encarnada e unificadora......37
Uma espiritualidade da Palavra para viver
o mistério "em casa", com Maria...........................39

II. A COMUNHÃO:
A FRATERNIDADE, DOM QUE CONDIVIDIMOS
Do dom que recebemos ao dom que
compartilhamos: "Que sejam um para que
o mundo creia" (Jo 17,21)......................................41
Comunidade que desenvolve
o sacerdócio batismal...42
Fraternidade ministerial:
"fonte e fruto da missão"..43
Comunhão fraterna e vida em comum...................46
Fraternidade e conselhos evangélicos:
um sinal contracorrente..47
Comunidade em busca...48

III. A MISSÃO:
A FRATERNIDADE, DOM QUE ENTREGAMOS
A vida como fraternidade com os pequenos:
"O que fizerem a cada um dos menores
de meus irmãos" (Mt 25,40)...................................50
Participando no ministério de Jesus,
"o Bom Pastor"...52
A missão que conduz às fontes:
"Venha e verá"..54

Missão de fraternidade, buscando
o irmão perdido 56
Sinal de um Reino que busca a salvação
integral da pessoa 58

3. Ser irmãos hoje: uma narração da graça 61
"Permaneçam no meu amor!" (Jo 15,9)
Uma narração que seja história de salvação......... 61
Quem é meu irmão? 62
Estabelecer os fundamentos: a formação inicial .. 64
Alimentar a esperança: a formação permanente .. 65
Recuperar os mestres de vida e de esperança....... 66
Profetas para o nosso tempo............................. 67
Em família: um novo modo de ser Igreja............ 69
O vinho novo em odres novos............................. 70
O fio da narração: "Permaneçam no meu amor!" 72

Impresso na gráfica da
Pia Sociedade Filhas de São Paulo
Via Raposo Tavares, km 19,145
05577-300 - São Paulo, SP - Brasil - 2016